② 가족북 시리즈

손자와 손녀가
평생 함께 읽는 책

할배북

Do you want know your real garnd father?

할배북

How much do you know about your grandfather?

TO
MY GRAND
FATHER.

FOR
YOUR
LOVER.

20　　.　　.

머릿말

왜 초등학교, 중학교, 대학교를 다니는 동안 아무도 내 아빠 엄마 할아버지, 할아버지에 대해서는 알려주지 않는것일까? 정말 나라를 세운 세종대왕, 나를 구한 이순신 같은 위인들의 이야기만 몇십번이고 읽어내려 가는것이 맞는 것일까?

이 책은 위와 같은 질문 때문에 시작이 되었습니다. 누구도 알려주지 않았던 단 하나의 짧은 질문으로 시작되어 그동안 내 옆에 있었지만 누구도 이야기해주지 않았던 엄마 아빠, 할아버지 할아버지에 대한 내용들을 그리고 누군가 궁금해할만한질문들을 그분들에게 하고 싶었던 말들을 넣어 이 책을 완성해 보았습니다.

이책은 100개 이상의 질문으로 이뤄져 있으면, 하루에 다 끝낼 수도 또는 하루에 하나씩 3달에 걸쳐 끝을 낼수도 있습니다. 다만, 너무 급하지 않게 정말 한장한장 곱씹어 가면서 부모님과 시간을 가지면서 부모님에 대해서

또한 자녀에 대해서 알아가는 시간을 가질 수 있었으면 합니다.

이책을 통해서 대한민국의 더 많은 자녀들이 친구들이나 연예인들의 생일을 챙기기보다는 바로 나의 옆에 있는 가족을 먼저 챙기고 그들의 과거를 알 수 있었으면 합니다.

온가족이 모여 함께 기억을 더듬어가면 이 책에 하나씩 기록 하다보면, 10년 30년, 50년을 함께 살았더라도 '정말 그때 그렇게 생각했어? ' '나는 정말 당신이 그런 생각하는 줄 몰랐다오' 등등 서로의 관심사와 생각에 대해서 새롭게 알아가는 부분이 정말 많을 것이라 확신합니다.

또한 앨범에만 묻혀 언제 꺼낼지 몰랐던 연애편지, 음반등을 꺼내면서 소중한 물건 하나하나, 사진 하나하나에 담긴 의미를 서로 알게 된다면 오해를 가지는 일이 더욱더 줄어들고 웃음꽃만 많아질 날이 더 생겨날 것입니다.

오늘 오후 가족과 함께 조용한 찻집에 찾아가 이 질문을 채워가면서 서로를 알아가보는것은 어떨까요?

Writing Profile here

할아버지의 모든것

- 할아버지 성함
- 할아버지 한자
- 할아버지생신 년 월 일
- 혈액형 □ A □ B □ O □ AB
- 몸무게/키 [ ]kg [ ]cm
- 신발사이즈 [ ]mm
- 할아버지별자리
- 본적 or 고향
- 할아버지직업
- 할아버지종교
- 결혼기념일 년 월 일
- 할아버지취미

차례

My family diray

01

할아버지의 어린시절

PICTURE

할아버지의 추억이 담긴 사진을 붙여주세요.

Put your memory picture here

20 . .

PICTURE

할아버지의 추억이 담긴 사진을 붙여주세요.

Put your memory picture here

20 . .

* 이렇게 작성해보세요 (예시)

우리 멋쟁이 할아버지는 내가 할아버지 댁에 가면 항상 사진을 찍으셨다. 내가 태어났을때부터 초등학교에 들어가는 그날까지 나를 안으셨던 모습, 내가 소변보는 모습, 내가 엄마한테 혼나 우는 모습까지.. 그당시 좋지도 않았던 카메라로 정말 열심히 사진을 담으셨다.

그런데 내가 안타까운건 내 사진은 많은데 정작 할아버지 사진은 별로 없다는 것이다.. 나는 할아버지의 20년전 모습을 기억하지 못하고 있다는게 아쉬울뿐이다..지금이라도 늦지 않았으니 할아버지에 대해서 알아가고 싶다.

(서울시 서초구, 서지호님, 23세)

TALKING ABOUT MY MOMMY

할아버지에 대해 이야기하다

QUESTION

001

할아버지가 태어난 곳은 어디에요

Where were you born?

20 . .

QUESTION

002

할아버지가 가장 존경하는 선생님은 누구신가요?

Who is your most respected teacher?

20 . .

QUESTION

003

할아버지가 어렸을 때 가장 친한 친구는 누구인가요?

Who was your best friend when you were a child?

20 . .

QUESTION

004

할아버지 어렸을 적 꿈은 뭐였어요?

What was your dream when you were a child?

20 . .

QUESTION

004

할아버지가 했던 가장 못된 장난은 뭐에요?

What was the most misbehavior thing you ever played?

20 . .

QUESTION

005

할아버지가 어렸을 때 유행하던 놀이가 뭐였어요?

What was the most popular game when you were a child?

20 . .

QUESTION

006

할아버지가 기억하는 가장 부끄러운 순간이 언제에요?

When was the most embarrassing moment of your memory?

20 . .

QUESTION

007

할아버지는 억울해서 잠을 못 잤던 기억이 있나요?

Do you remember when you couldn't sleep because you was unfairly?

20 . .

QUESTION
008

할아버지가 가장 감명깊게 읽은 책은 뭐에요?

What was the most impressive book that you read?

20 . .

QUESTION

009

할아버지 어렸을 때 별명은 뭐였어요?

What was your nickname when you were a child?

20 . .

QUESTION

010

할아버지가 가장 좋아하는 음식이 뭐에요?

What was your favorite food?

20 . .

QUESTION

011

할아버지가 처음 좋아했던 이성 친구는 누구에요?

Who was your first love?

20 . .

QUESTION

012

할아버지가 썼던 연애편지보여주세요.

If there's a love letter you wrote, show it to me.

20 . .

QUESTION

013

할아버지 중고등학교 때 사진 보여주세요

Please show me pictures from your junior high school days.

20 . .

QUESTION

014

할아버지는 어렸을 때 엄마, 아빠 말 잘 들었어요?

Did you obey your parents when you were a child?

30

20 . .

QUESTION

015

할아버지는 어렸을 때로 돌아가면 무엇을 하고 싶으세요?

What would you like to do if you could go back to your childhood?

20 . .

QUESTION

016

할아버지 공부는 얼마나 잘하셨어요?

How well did you study?

20 . .

QUESTION

017

할아버지가 가장 존경하는 선생님은 누구신가요?

Who is your most respected teacher?

20 . .

QUESTION

018

할아버지는 어렸을 때로 돌아가면 무엇을 하고 싶으세요?

What would you like to do if you could go back to your childhood?

20 . .

QUESTION

019

할아버지 운동은 얼마나 잘하셨어요?

How well did you sports?

20 . .

QUESTION

020

중고등학교 때 돈 때문에 고민했던 적 있으세요?

Have you ever been worried about your money in high school?

20 . .

My family diray

02

할아버지와 할머니

PICTURE

할아버지와 할머니 추억이 담긴 사진을 붙여주세요

Put your memory picture here

PICTURE

할아버지와 할머니 추억이 담긴 사진을 붙여주세요

Put your memory picture here

20 . .

TALKING ABOUT GRAND FATER

할아버지와 할머니에 대해 이야기하다

QUESTION

021

할아버지랑 할머니랑 어떻게 만나게 되셨어요?

How did you meet grandfather?

20 . .

QUESTION

022

할머니를 처음 본 순간 마음이 어땠어요?

How did you feel the first time you saw grandfather?

20 . .

QUESTION

023

할머니 할아버지랑 추억이 많은 장소는 어디에요?

Where do you have a lot of memories with grandfather?

20 . .

QUESTION

024

할머니랑 결혼을 결정한 순간은 언제에요?

When did you decide to marry with grandfather?

20 . .

QUESTION

025

할머니의 엄마 아빠에게 인사드리러 간날을 기억하세요?

Do you remember the day meet the grandfather's parents the first time?

20 . .

QUESTION

026

할머니한테 드린 선물 중 가장 기억에 남는거는요?

What is the most memorable gift you gave your grandfather?

20　　.　　.

QUESTION

027

할머니에게 받은 선물 중 가장 기억에 남는거는요?

What is the most memorable gift you got from your grandfather?

20 . .

QUESTION

028

할머니랑 할아버지랑 첫 뽀뽀한 장소는 어디에요?

Where were you born?

20　　.　　.

QUESTION

029

할머니랑 연애할 때 가장 답답했던 순간은 언제에요?

When was frustrating moment with grandfather?

20 . .

Mommy's Day

03

할아버지와 증조할아버지

PICTURE

할아버지와 증조할아버지 사진을 붙여주세요

Put your memory picture here

20 . .

TALKING ABOUT GRAND FATER

할아버지와 증조할아버지 대해 이야기하다

QUESTION

030

할아버지가 부모님 마음을 아프게 했던 적도 있어요?

Did you ever hurt your parents' feelings before?

20 . .

QUESTION

031

할아버지가 첫월급 받던날 부모님께 드린 선물은요?

What was the gift you gave to your parents got first paycheck?

20 . .

QUESTION

032

할아버지의 부모님이 물려주신 소중한 유산은 뭐에요?

What is your parents' valuable legacy?

20 . .

QUESTION

033

증조할아버지가 처음으로 작다고 생각한 적은 언제에요?

When did you first think your mother look small?

20 . .

QUESTION

034

증조 할아버지에게 가장 해드리고 싶었던 것은 뭐에요?

What is the gift for your grand grand mother?

20 . .

QUESTION

035

증조 할아버지가 가장 좋아하는 음식은 뭐였어요?

What is the food grand grand mother like?

20 . .

QUESTION

036

증조 할아버지가 가장 자주하시던 말은 뭐에요?

What was your mother's favorite saying to you?

20 . .

QUESTION

037

증조할아버지와 가고 싶은 여행지가 있으세요?

Is there a place you want to visit with your mother?

20 . .

QUESTION

038

할아버지 부모님하고 살던 곳은 어디인가요?

Where did you live with your parents?

20 . .

QUESTION

039

할아버지는 부모님과 다투었던 적도 있나요?

Have you ever argued with your parents?

20 . .

QUESTION

040

증조할아버지가 가장 보고 싶을때는 언제에요?

When do you most want to see your mother?

20 . .

My family diray

04

할아버지의 20대

PICTURE

할아버지의 20대 사진을 붙여주세요.

Put your memory picture here

20 　.　 .

PICTURE

할아버지의 20대 사진을 붙여주세요.

Put your memory picture here

20 . .

TALKING ABOUT GRAND FATER

할아버지의 20대에 대해 이야기하다

QUESTION

041

20대때 가장 감명깊게 읽었던 책은 어떤거에요?

What was the most impressive book you read in your 20s?

20 . .

QUESTION

042

20대때 가장 유행했던 노래는 어떤거에요?

What was the most popular song in your 20s?

20 . .

QUESTION

043

20대때 가장 즐거웠던 기억은 어떤거에요?

What was your favorite memory from your 20s?

20 . .

QUESTION

044

20대로 돌아가면 가장 하고 싶은건 뭐에요?

What would you most like to do if you get back to your 20s?

20 . .

QUESTION

045

20대로 돌아가면 가장 하고 싶은 직업은 뭐에요?

What kind of job do you want to have most when back to your 20s?

20 . .

QUESTION

046

20대에 했던 가장 도전적인 일은 뭐였어요?

What was the most challenging thing you did in your 20s?

20 . .

QUESTION

047

20대에 가장 자랑스러웠던 순간은 언제에요?

What was your most proud moment in your 20s?

20 . .

QUESTION

048

20대에 이성에게 고백 받은적도 있으세요?

Did you ever get somone's confession of love in your 20s?

20 . .

QUESTION

049

20대때 첫직장은 어디였어요?

What was your first job in your 20s?

20 . .

QUESTION

050

20대에 스트레스를 해소했던 방법은 뭐에요?

How did you relieve your stress in your 20s?

20 . .

My family diray

05

할아버지와 엄마아빠

PICTURE

할아버지와 엄마 아빠 어릴적 사진을 붙여주세요

Put your memory picture here

20   .   .

PICTURE

할아버지와 엄마 아빠 어릴적 사진을 붙여주세요

Put your memory picture here

20　　.　　.

TALKING ABOUT GRAND FATER

할아버지와 엄마 아빠에 대해 이야기하다

QUESTION

051

아빠(엄마)가 할아버지 품에 처음 안겼을때 기억하시나요

Do you remember when you first got my dad(mom) in your arms?

20 . .

QUESTION

052

할아버지, 아빠(엄마)가 처음 걷던 그 순간을 표현해주실 수 있어요?

Can you describe my dad(mom)'s first moments of walking?

20 . .

QUESTION

053

아빠(엄마)가 할아버지를 닮은 행동은 뭐가 있나요?

What kind of behavior do my dad(mom) take after you?

20 . .

QUESTION
054

아빠(엄마)와 할아버지가 지금도 기억하는 행복했던 순간은요?

When was the happy moment you and my dad(mom) still remember?

20 . .

QUESTION

055

할아버지는 아빠(엄마)와 기억하기 싫은 무서운 순간이 있어요?

Do you still have scary moments you don't want to remember

20 . .

QUESTION

056

아빠(엄마)를 달랬던 할아버지만의 노하우는 뭐에요?

What was your secret know-how for soothing my dad(mom) before?

20 . .

QUESTION

057

할아버지는 아빠(엄마)와 할아버지가 모르는 비밀도 있어요?

Did you have any secret between you and my dad(mom)?

20 . .

QUESTION

058

아빠(엄마)가 할아버지를 눈물짓게 했던 날을 기억하시나요?

Do you remember the day when my dad(mom) made you weep?

20 . .

QUESTION

059

할아버지가 아빠(엄마)에게 항상 하시던 말씀은 무엇인가요?

What did you say to my dad(mom) so often?

20 . .

QUESTION

060

아빠(엄마)에게 가장 잘 물려준 것 같은 신체부위는 어디에요?

What part of my dad(mom)'s body looks most like you?

20 . .

QUESTION

061

할아버지는 아빠(엄마)가 결혼하면 꼭 해주고 싶은 조언이 있어요?

What advice did you want to give to dad when he got married?

20 . .

QUESTION

062

아빠(엄마)에게 받은 선물 중 기억에 남는게 있으신가요?

What is the most memorable gift you have received from my dad(mom)?

20 . .

QUESTION

063

할아버지는 아빠(엄마)에게 가장 미안했던 순간이 언제에요?

When did you feel most sorry for my dad(mom)?

20　　.　　.

QUESTION

064

할아버지는 아빠(엄마)에게 가장 크게 사랑을 어떻게 표현하세요?

How do you express your love to my dad(mom) the most?

20 . .

QUESTION

065

할아버지는 아빠 엄마에게 받고 싶은 선물이 있으세요?

Is there any gift you want from my parents?

20 . .

QUESTION

066

할아버지는 엄마(아빠)가 고쳤으면 하는 버릇이 있나요?

Does my dad(mom) have a bad habit that you would like her to fix?

20 . .

QUESTION

067

할아버지는 아빠(엄마)가 가장 대견했던 적은 언제에요?

Did you ever feel proud of my dad(mom)?

20 . .

QUESTION

068

할아버지는 아빠(엄마)하고 대화를 많이 하시는 편이셨나요?

How often do you talk to my dad(mom)?

100

20 . .

QUESTION

069

할아버지는 아빠(엄마)가 할아버지를 사랑하는게 느껴지시나요?

Can you feel my dad(mom) loving you?

20 . .

QUESTION

070

할아버지는 아빠(엄마)가 평생 기억했으면 하는 한마디는 뭐에요?

Is there a word you want my dad to remember for the rest of his life?

20 . .

My family diray

06

할아버지의 생각에 대해

PICTURE

할아버지를 표현할 수 있는 사진을 붙여주세요

Mommy's Profile Mommy's Profile

20 . .

PICTURE

할아버지를 표현할 수 있는 사진을 붙여주세요

Put your memory picture here

20 . .

TALKING ABOUT GRAND FATER

할아버지의 생각에 대해 이야기하다

QUESTION

071

절대로 되풀이하고 싶지 않은 일이 있어요?

Is there something you never want to do again?

20 . .

QUESTION

072

그 일은 왜 일어났나요? 거기에서 어떤 깨달음을 얻으셨나요?

Why did it happen? What did you learn from that?

20 . .

QUESTION

073

'이것만은 꼭 지키고 살아왔다'라고 말할 수 있는 원칙이 있으세요?

What is your most important principle?

20 . .

QUESTION

074

원칙을 만들게 된 사건이나 상황이 있었나요?

Did you have any incentive to stick to that principle?

20 . .

QUESTION

075

인생을 변하게 만든 세 번의 사건이 있나요?

Are there three events that have changed your life?

20 . .

QUESTION

076

지금의 할아버지를 있게 만든 세 권의 책은 무엇인가요?

Are there three books that have brought you here?

20 . .

QUESTION

077

인생을 크게 변화시켜준 세명의 사람은 누구인가요?

choose the three people who had the biggest influence on you?

20 . .

QUESTION

078

사망 기사를 써야 한다면, 어떤 내용이 적히길 바라세요?

If you were to die today, how would your life be remembered?

20 . .

My family diray

07

할아버지의 주변사람들

PICTURE

할아버지의 친구, 동료와 찍은 사진을 붙여주세요

Mommy's Profile Mommy's Profile

20 . .

PICTURE

할아버지의 친구, 동료와 찍은 사진을 붙여주세요

Put your memory picture here

20　　.　　.

TALKING ABOUT GRAND FATER

할아버지의 주변에 대해 이야기하다

QUESTION

079

인생에서 큰 성취감과 개인적 만족을 준 사름은 누구인가요?

Who is the biggest satisfaction in your life?

20　　.　　.

QUESTION
080

할아버지 성취를 방해하는데 가장 큰 장애물은 어떤 것이었나요?

What was the biggest impediment to your achievement?

20 . .

QUESTION

081

할아버지의 인생을 뒤돌아 볼 때 가장 행복했던 적은 언제입니까?

When was the happiest moment in your life?

20 . .

QUESTION

082

할아버지는 주변 사람들에게 무엇을 기대하세요?

What do you expect from people around you?

20 . .

QUESTION

083

주변 사람들은 할아버지에게 무엇을 기대하고 있나요?

What do people expect from you?

20 . .

QUESTION

084

할아버지가 기대하는 바를 주변 사람들과 서로 이야기해본적 있나요?

Have you ever told people around you what you want?

20 . .

QUESTION

085

할아버지가 가장 유지하고 싶은 인관관계는 어떤 것인가요?

What is the most important relationship you would like to maintain?

20 . .

QUESTION

086

주변분들이 할아버지가 추구하는 가치와 관심사를 알고 있나요?

Do people around you know the values and interests you pursue?

20 . .

QUESTION

087

할아버지와 가장 가까운 사람들의 우선순위와 목표는 무엇입니까?

What are your nearest people priorities and goals?

20 . .

QUESTION

088

할아버지는 그분들이 우선순위와 목표를 이루게 도와주고 있나요?

Are you helping your nearest people to achieve their priorities and goals?

20 . .

My family diray

08

할아버지의 직장생활

PICTURE

할아버지의 직장과 관련된 사진을 붙여주세요

Mommy's Profile Mommy's Profile

20 . .

PICTURE

할아버지의 직장과 관련된 사진을 붙여주세요

Put your memory picture here

TALKING ABOUT GRAND FATER

할아버지의 직장에 대해 이야기하다

QUESTION

089

할아버지는 직장에서 성공에 대해 무엇을 깨달았나요?

Did you realize what success is at work?

20 . .

QUESTION

090

할아버지는 직장에서 행복에 대해 무엇을 배우셨나요?

Did you realize what happiness is at work?

20　　.　　.

QUESTION

091

할아버지는 직장에서 가장 즐거운 부분은 무엇이었나요?

What was the most enjoyable part of your job?

20 . .

QUESTION

092

할아버지는 직장에서 가장 즐거운 부분은 무엇이었나요?

What was the most enjoyable part of your job?

20 . .

QUESTION

093

할아버지는 직장에서 가장 참기 힘든 부분은 무엇이었나요?

What was the most intolerable thing at work?

20 . .

QUESTION

094

직장생활 중 할아버지는 어떤 측면에서 가장 소홀히 하셨나요?

What was the most negligent in your career?

20 . .

QUESTION

095

신입사원에게 어떤 조언을 해주고 싶은신가요?

What advice would you like to give to a new employee?

20 . .

QUESTION

096

오늘이 다른 날보다 훨씬 특별한 이유는 무엇인가요?

Why is today so much more special than other days?

20 . .

QUESTION

097

오늘 할아버지의 하루가 어땠는지 자세하게 이야기 해주세요.

Tell me about your day in detail.

20 . .

QUESTION

098

오늘 할아버지를 미소짓게 만든 일이 있었나요? 왜 그렇죠?

Did something make you smile today? Why is that so?

20 . .

QUESTION

099

시도해보지 못했지만 꼭 해보고 싶은 일이 무엇입니까?

What do you want to try though you haven't tried yet?

20 . .

QUESTION
100

돈, 가족, 시간등 아무런 제약이 없다면 무엇을 하고 싶어요 ?

What would you do if you had no restrictions on money, time, or career?

20 . .

QUESTION

101

살면서 무엇이 가장 할아버지에게 큰 만족감을 주었습니까?

What made you feel most satisfied in your life?

20 . .

QUESTION

102

할아버지가 다시 태어난다면 어떤 사람으로 태어나고 싶으세요?

If you were to be born again, what kind of person would you like to be?

20 . .

QUESTION 103

누군가 물어본 질문 중 가장 답하기 어려운 질문은 무엇입니까?
What is the most difficult question to answer that someone asked you?

20 . .

QUESTION

104

할아버지를 창피하게 만든 질문을 받아본 적이 있습니까?

Have you ever been asked a question that embarrassed you?

20 . .

QUESTION

105

할아버지는 일기장을 가지고 계신가요

Do you have a diary?

20 . .

QUESTION

106

할아버지가 정말 후회되는 일 한가지만 말씀해주세요

Tell me one thing you regret most.

20 . .

QUESTION

107

할아버지가 생각하는 행복은 뭐에요?

Do you think what is happiness?

20 . .

손자 손녀가 함께 읽는 할배북

초판 1쇄 인쇄 | 2018년 4월 10일
초판 1쇄 발행 | 2016년 4월 15일

지은이 | 휴먼미디어
편집 디자인 | 장영광
발행처 | 휴먼미디어
출판등록 | 제2014년 7월 24일, 제2014-02호
전화 | 02)2060-2938
팩스 | 02) 6918-4190
메일 | stevenjangs@gmail.com

ISBN 979-11-87654-49-0

책값 11,000원 (만 천원)

값 11,000원
13300
9 791187 654490
ISBN 979-11-87654-49-0